RUPTURA

RUPTURA
Centelha
n-1 edições, 2019

Embora adote a maioria dos usos editoriais do âmbito brasileiro, a n-1 edições não segue necessariamente as convenções das instituições normativas, pois considera a edição um trabalho de criação que deve interagir com a pluralidade de linguagens e a especificidade de cada obra publicada.

COORDENAÇÃO EDITORIAL Peter Pál Pelbart
   e Ricardo Muniz Fernandes
DIREÇÃO DE ARTE Ricardo Muniz Fernandes
ASSISTENTE EDITORIAL Inês Mendonça
PROJETO GRÁFICO Érico Peretta
PREPARAÇÃO Pedro Taam
REVISÃO Diogo Henriques

A reprodução parcial sem fins lucrativos deste livro, para uso privado ou coletivo, está autorizada, desde que citada a fonte. Se for necessária a reprodução na íntegra, solicita-se entrar em contato com os editores.

1ª edição | São Paulo | agosto de 2019

n-1edicoes.org

centelha

RUPTURA

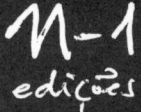

Ninguém precisa pedir licença para fazer um ato revolucionário.
CARLOS MARIGHELLA

09 **Sejamos ingovernáveis**

15 **Fascismo, contrarrevolução e neoliberalismo**

57 **Os campos de batalha**

93 **Porque nós ainda não vimos nada**

Sejamos ingovernáveis

O mundo não se governa mais. Em toda parte, explode a revolta surda contra o empobrecimento e a impotência da soberania popular em se fazer ouvir por aqueles que nos espoliam, que afogam nossos corpos na lama tóxica enquanto voltam para casa com suas gordas comissões e a certeza de continuar a preservar os lucros criminosos de seus acionistas. Essa revolta apenas começou. Todos os governos que levantam podem cair com a rapidez da frustração e do desgosto. Os únicos que se sustentam são aqueles que não fingem mais governar nada, mas que usam o poder simplesmente para fornecer a parcelas da população o gosto drogado da autorização da violência contra os vulneráveis.

Desde 2011, quando o primeiro corpo de trabalhador foi autoimolado na Tunísia, explodindo a sequência de revoltas conhecida como "primavera árabe" contra essa mistura insuportável de miséria e de impotência, o mundo nunca mais voltou às suas ilusões de curso tranquilo. Ele não voltará mais. O mundo no qual crescemos, no qual aprendemos a desejar, a andar, circular, esse mundo acabou. O que dele sobrou é apenas uma fantasmagoria. Não há mais caminho de retorno, não há direitos a assegurar ou democracia a defender. Nossa democracia não está no passado, pois ela não pode estar onde nunca existiu. Ela está na nossa frente, como uma invenção radicalmente coletiva que surgirá quando calarmos de vez a apatia que o poder quer nos impor e à qual nos vinculamos com um prazer inconfesso.

Pois saibam que, contra esse desejo de fazer o mundo desabar, nós ainda veremos todas as forças se levantarem. O fascismo sempre foi a reação desesperada contra a força de uma revolução iminente no horizonte. Se ele voltou agora é porque o chão treme, é porque as fendas estão por toda parte. Ouçam como treme o chão, como há algo que quer atravessar o solo. Não nos deixemos enganar novamente, vivemos uma contrarrevolução preventiva que não temerá nenhum nível necessário de violência para nos calar, que rasgará todos os disfarces para agir mais livremente. Podemos estar perdendo agora, mas porque estamos sem armas. Perdemos a coragem de levantar nossas armas, de recusar pactos e conciliações que servem apenas para preservar a violência contra nós mesmos. Como animais acostumados à paisagem estável, preferimos acreditar que a tempestade acabará por passar. Mas a tempestade só acabará quando rasgarmos as nuvens negras que foram empurradas para cima de nossas cabeças. E precisamos de todas as formas de armas para isso. Tudo é necessário agora, desde que tenhamos a consciência do não retorno, desde que tenhamos o desejo de sermos ingovernáveis.

O momento é mais decisivo do que alguns gostariam de acreditar. Só governos fracos são violentos. Eles têm de vigiar todos os poros, pois sabem que seu fim pode vir de qualquer lugar. Governos fortes são magnânimos, porque vislumbram tranquilamente sua perpetuação. O que se contrapõe a nós é fraco e desesperado. Ele cairá. É hora de fazê-lo cair.

Fascismo, contrarrevolução e neoliberalismo

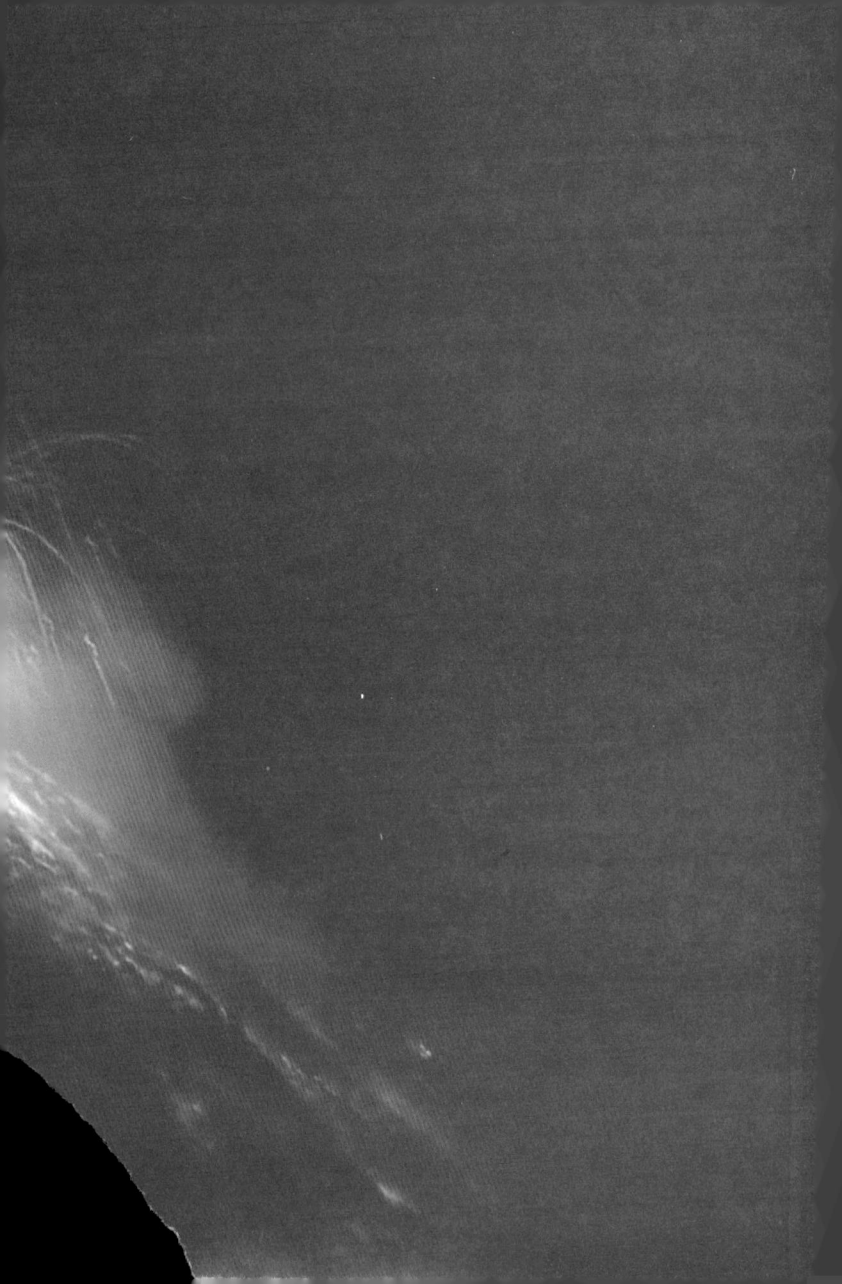

Bem-vindo ao capitalismo do futuro

Em 1980, o economista Paul Samuelson foi convidado a exercitar sua imaginação especulativa e descrever como via o capitalismo no ano 2000. Em sua resposta, sugeriu que voltássemos os olhos para a América Latina, pois aqui estaria sendo produzido um modelo de gestão futuro. Samuelson, em *A economia mundial no fim do século*, descreve da seguinte maneira esse novo paradigma:

> Generais e almirantes tomam o poder. Eles exterminam seus predecessores de esquerda, exilam os opositores, aprisionam os intelectuais dissidentes, sufocam os sindicatos, controlam a imprensa e paralisam toda atividade política. Mas, nesta variante do fascismo de mercado, os chefes militares tomam distância das decisões econômicas. Eles não planificam a economia nem aceitam suborno. Eles confiam toda a economia a fanáticos religiosos – fanáticos cuja religião é o

> *laissez-faire* do mercado (...) Então o relógio da história anda para trás. O mercado é liberado e a massa monetária estritamente controlada. Os créditos de ajuda social são cortados, os trabalhadores devem aceitar qualquer coisa ou morrer de fome (...) A inflação baixa reduz-se a quase nada (...) A liberdade política estando fora de circulação, as desigualdades de rendimentos, consumo e riqueza tendem a crescer.

É evidente que as elucubrações de Samuelson a respeito do "fascismo de mercado" se inspiravam no Chile da ditadura de Augusto Pinochet (1973-1990). Esse regime sucedeu um governo que tentava construir o socialismo pela via eleitoral e foi derrubado por uma articulação envolvendo a social-democracia cristã, grupos terroristas neofascistas, entidades patronais e Washington, num processo que culminou no bombardeio do Palácio de La Moneda em 11 de setembro de 1973. A partir daí, Pinochet aniquilou a oposição com uma brutalidade poucas vezes vista. O Estado chileno torturou cerca de 30 mil opositores, em centros espalhados por todo o território nacional, e assassinou milhares de pessoas. Apenas assim foi possível impor à população as políticas dos fanáticos do *laissez-faire*. Iniciava-se o experimento neoliberal imposto pelos *Chicago boys*. Após o golpe, esse grupo de economistas, ligados ao teórico e guru Milton Friedman, ocuparia todos os espaços do Estado ditatorial, dos ministérios à presidência do Banco Central.

No mesmo momento em que o neoliberalismo aparecia como modelo de gestão social nas democracias liberais do Reino Unido de Margaret Thatcher e dos EUA de Ronald Reagan, a ditadura chilena explicitava a linha de fuga para a qual o capitalismo mundial se encaminhava. Essa junção de brutalidade política e neoliberalismo econômico, aplicada inicialmente no Chile, agora se mostra como a tendência generalizada do capitalismo atual e tem no Brasil seu mais recente laboratório. Tal processo ocorre precisamente no momento em que a farsa da livre concorrência foi definitivamente rasgada pelo retorno a práticas de acumulação primitiva, fazendo com que até mesmo a democracia liberal-parlamentar tenda a ser descartada – especialmente aqui, na periferia do capitalismo. Friedrich Hayek, outro guru neoliberal, deixava isso bastante claro: "Eu prefiro sacrificar temporariamente a democracia do que perder a liberdade".

Hayek estabelecia uma oposição entre o conceito liberal de liberdade e a democracia, alertando para os riscos de uma "democracia totalitária" ou de uma "ditadura plebiscitária". Sua crítica da democracia não consistia, porém, em denunciar o modelo existente como meramente formal. Nunca, a não ser em seus piores pesadelos, passaria por sua cabeça a possibilidade de superar essa forma de democracia em direção à deliberação livre das populações, fazendo da política o exercício contínuo da soberania popular.

Ao contrário, Hayek considerava que a democracia deveria ser limitada, pois colocaria em risco a verdadeira liberdade, isto é, a livre concorrência. Entre a democracia, baseada no poder popular, e a economia de mercado, baseada na competição e no lucro, haveria um abismo a ser administrado homeopaticamente. A liberdade aparece para o liberalismo como a livre disposição da propriedade e a liberdade para cumprir à risca as exigências irracionais da acumulação, reduzindo tudo, inclusive pessoas e relações sociais, à objetificação funcional das mercadorias. Por isso, segundo Hayek, o único regime totalitário que a América do Sul conheceu até os anos 1980 não teria sido o Brasil dos militares, a Argentina de Videla ou o Chile de Pinochet, mas o governo da Unidade Popular de Allende. A tese implícita era de que um modo de vida e de produção não baseado na propriedade privada dos meios de produção seria a definição mesma de totalitarismo.

Mas esse conceito liberal de liberdade só poderia se impor à base de choques. Afinal, as sociedades não aceitam sem resistência limitar seus desejos e sua inquietude à liberdade de empreender (reservada para alguns). A experiência histórica das lutas por liberdade revela justamente a insistência em livrar a atividade da submissão à forma do trabalho, a ânsia pela igualdade radical e pelo fim da naturalização da exploração, a vontade de liberação do mundo das coisas dos contratos de propriedade. Sendo assim, apenas uma fina engenharia social, que envolveria todas as instâncias do governo e do capital e que mobilizaria tanto o soldado de baixa patente como o burocrata do primeiro escalão, seria capaz de neutralizar esses desejos, criando uma homofonia social. Embora paradoxal, a liberdade de empreender exige "mais" e não "menos" Estado, que se impõe na forma de repressão sanguinária e vigilância constante.

No cálculo da ordem social almejada pelos estadistas neoliberais, é a pressão produzida pelos trabalhadores em direção à regulação da atividade econômica que produz o verdadeiro risco à liberdade e que, portanto, deve ser eliminada. Só uma sociedade despolitizada, radicalmente incapacitada de intervir nas dinâmicas concentracionistas do mercado, insensível às pressões de regulação vindas de sindicatos, associações populares, ativistas, sem-terra e sem-teto, poderia realizar essa "liberdade". Se esse retrato parece destoar do suposto ímpeto libertário do neoliberalismo, as palavras do próprio Hayek, em entrevista ao jornal chileno *El Mercurio*, em 1981, mostram sua verdadeira face:

> Eu diria que, enquanto instituição de longo termo, sou totalmente contra ditaduras. Mas uma ditadura pode ser um sistema necessário durante um período de transição. Às vezes, é necessário que um país tenha, durante certo tempo, uma forma de poder ditatorial. Como vocês sabem, é possível para um ditador governar de maneira liberal. E é

possível que uma democracia governe com uma falta total de liberalismo. Pessoalmente, prefiro um ditador liberal a um governo democrático sem liberalismo.

É em frases do tipo "eu sei bem que…, mas mesmo assim" que aparece o que está por trás do falso palavreado neoliberal sobre a liberdade. Eu sei bem que devemos ser contra ditaduras, mas mesmo assim elas são necessárias para que os antagonismos sociais sejam sufocados e os últimos oponentes à nova ordem, exterminados. Segundo esse programa político, a transição da democracia sem liberalismo econômico para a utopia social neoliberal se daria através de um expurgo conduzido por um regime ditatorial economicamente liberal. Essa visão de sociedade supõe um mundo onde não existiria conflito político, apenas indivíduos e empresas competindo entre si nos limites de um consenso, garantido a bala, quanto às formas de vida desejáveis.

Talvez por estar atento a essa incômoda proximidade entre o programa político implícito em suas teorias e o expurgo social conduzido pelos nazistas, Hayek tenha se esforçado, em *O caminho da servidão* (1944), para sustentar a tese (hoje retomada pelo Partido Empresarial-Militar que ocupa a presidência de nosso país) de que o nazismo seria uma derivação do socialismo, e não uma tendência própria das sociedades capitalistas. Trata-se de uma peça de propaganda que apenas procura esconder a relação íntima entre neoliberalismo e fascismo, que se revelaria em toda sua força no Chile de Pinochet. A aproximação entre Hayek e o principal jurista do Terceiro Reich, Carl Schmitt, não deixa dúvida sobre sua concepção de democracia. Para ambos os autores, a democracia parlamentar, tendo que dar conta das múltiplas demandas vindas de vários setores sociais organizados, acabaria por permitir ao Estado intervir em cada espaço da vida, regulando todas as dimensões do conflito social. Contra isso, seria necessário criar um Estado capaz de despolitizar a sociedade, eliminando os conflitos e seus supostos incitadores.

Essas operações complexas exigem uma dessensibilização de grandes proporções. Para se perpetuar, um regime desse tipo precisa impedir que a sociedade se solidarize com grupos historicamente oprimidos e dissidentes. A política colonial e as chamadas democracias liberais exercitam esse modelo há muito tempo. A liberdade liberal é uma máscara jurídica e ideológica tensionada pelas contradições de classe e pelos circuitos de violência aplicada contra setores da sociedade. Mas, como toda máscara, ela tenta esconder seu verdadeiro rosto. É por isso que, nos Estados Unidos e no Brasil do século XIX, falava-se em direitos, democracia e liberalismo em plena vigência da escravidão. Nesses modelos de sociedade, é preciso sempre naturalizar a exploração no trabalho e apagar ou legitimar a desigualdade, a violência de gênero e o racismo, que são elementos estruturadores da dominação. Para formatar a percepção das maiorias, não basta a repressão pura e simples. É fundamental, ainda, produzir insegurança, competitividade e conformismo.

O autoritarismo, portanto, não é um acidente do capitalismo e não é a antítese da democracia burguesa. Ele é parte constitutiva desse modo de gestão de populações. Afinal, foi no esteio da *belle époque* das grandes potências ocidentais que se consumou o holocausto dos povos coloniais, primeiro laboratório do caos. Já antes do século XX,

Tocqueville admitia: "Uma vez que cometemos a grande violência da conquista, creio que não devemos recuar diante das violências secundárias que são absolutamente necessárias para consolidá-la".

PRIMEIRA RUPTURA: é preciso tirar as consequências políticas do fato de capitalismo e soberania popular serem termos completamente contraditórios. A luta pela democracia real, a ser inventada, só pode se dar como luta para fora do capitalismo, não como luta pela sua "humanização". Essa é uma luta para fora da democracia liberal, não em direção a seu "aprimoramento". Essa não é uma luta por inclusão, mas por explosão.

Para além da economia

Desde a virada neoliberal da década de 1970, o capital procura impor às sociedades uma mudança no padrão de dominação social. A experiência chilena de uma ditadura economicamente liberal que opera segundo a lógica de expurgo contínuo dos descontentes, de transição infinita rumo à distopia da acumulação de capital sem conflito social, já era o Norte, o modelo que as classes dominantes gostariam de implementar. Até recentemente, os países centrais não puderam legitimar a aplicação desse padrão de dominação, há muito imposto aos países periféricos, a suas próprias populações.

Vigorou, portanto, a solução de compromisso, um vago "neoliberalismo com rosto humano". A cartilha da "globalização", da "democracia como valor universal", da "diversidade", da "concertação", do "diálogo", das "parcerias", da "comunicação", da "cooperação", da "pacificação", da "inclusão", da "integração" e de todos esses mantras que, pela força de sua infinita repetição, procuram adormecer todo mundo. Nesse contexto, os anseios populares mais profundos de ruptura eram vistos como prenúncios do totalitarismo. Afinal, o consumo poderia garantir a "emancipação", e o "empoderamento" poderia ser conquistado dentro da ordem através de uma "mobilização cidadã" ou de alguma mudança pontual no ordenamento jurídico.

Esse modelo, atualmente em ocaso, tentou sua última sobrevida na França de Emmanuel Macron. Durou pouco. O banqueiro-presidente tem aplicado as mais brutais políticas de desmonte de direitos sociais ao mesmo tempo que se diz defensor da tolerância e do cosmopolitismo, baseando-se em remixes da filosofia de Paul Ricoeur, de quem foi assistente. No entanto, tão logo surgem revoltas populares contra políticas neoliberais, o Estado francês mostra que continua sendo aquele mesmo que foi responsável por algumas das guerras coloniais mais atrozes que o mundo já conheceu. A violência logo ressurge e a polícia prende mais de 1.500 coletes-amarelos em um único dia.

No Brasil, o programa de mudança radical da sociedade tende a se diluir em reformismos fracos. A luta contra a ordem deu lugar aos aplausos de trabalhos de ONGs e à construção de maiorias parlamentares. O Brasil foi um dos laboratórios mundiais da capitulação da esquerda oficial. Nesse processo de diluição do impulso revolucionário, as energias utópicas foram capturadas pela ideologia da gestão segura da "máquina pública" que só produziu o pior. Em vez de puxar o freio de mão do processo de acumulação de capital – essa máquina desgovernada que nos lança em direção ao colapso ambiental e social –, setores progressistas embarcaram na "modernização". Tragicamente, perdeu-se de vista o vínculo entre a modernidade capitalista e as formas de violência em que ela se assenta.

Se em 2001 a força política dos arcaísmos do capitalismo começa a abalar o "consenso progressista", que acreditava estar a poucos passos do cosmopolitismo pleno, será com a crise de 2008 que a extrema direita passará a conquistar maiorias eleitorais. A crise econômica demonstrou a inanidade da política hegemônica, baseada na balança social-democracia/liberais, uma vez que as mesmas políticas de "austeridade" foram aplicadas tanto por governos à esquerda como à direita. Do ponto de vista de suas políticas econômicas – entre Schröder e Merkel na Alemanha, Sarkozy e Hollande na França, Zapatero e Aznar na Espanha, Blair e Cameron no Reino Unido –, não houve mudança. Isso ficou claro para a população empobrecida e submetida à insegurança social cada vez mais brutal. Ficou evidente para a população que o chamado neoliberalismo não era uma opção sobre a mesa, nem uma mera política de governo: ele era uma exigência, um *diktat* da oligarquia financeira mundial.

A extrema direita compreendeu essa revolta e se posicionou com um discurso antiliberal marcado, no cenário europeu e estadunidense, pela crítica do livre comércio, pelo retorno a práticas protecionistas, pela crítica do mercado financeiro global e por propostas de seguridade e garantia social. Essas propostas, no entanto, têm um fundo nacionalista e racista. Não se trata de romper a ordem neoliberal, mas sim de concentrar as perdas em determinados setores da população. De fato, isso se deve a uma contradição contida na própria ideia de seguridade social conforme aplicada pelas classes dominantes europeias em uma tentativa de conter a revolução no imediato pós-guerra. A seguridade social é, por definição, uma garantia do Estado para seus nacionais. Como boa medida contrarrevolucionária, seus limites são suas fronteiras, e, por isso, ela afasta o apelo à solidariedade internacional e à indiferença à nação em nome de uma falsa universalidade concreta. Explorando esse elemento, a direita fascista disputa os rumos da insatisfação popular com forças de esquerda na Europa que, defendendo as conquistas do Estado de bem-estar social, não atentam para seus limites.

Mas há um elemento que tende a sair desse esquema. O fascismo atual pode muito bem ser uma capitalização política do descontentamento com o neoliberalismo, realizada pelos próprios representantes do neoliberalismo. Nele, o combate à pauperização não é feito atacando a lógica de reprodução do capital, mas, de modo falso, como promessa de concentração das perdas acarretadas pela "austeridade" nas costas dos "menos humanos". Só que há algo a mais. Isso faz com que o fascismo coloque em circulação uma máquina suicida que pede sempre mais. Mesmo a lógica econômica parece ser quebrada em prol de um movimento que sequer pode ser chamado de "governo". Decisões são tomadas segundo uma lógica que não parece levar em conta os interesses de rentabilização da classe financeira, com sua necessidade de "normalidade", de "boa imagem diante dos investidores internacionais", de "convivência pacífica com os chineses". A lógica econômica é muitas vezes dobrada por uma lógica do puro movimento em direção à mobilização contínua. O fascismo atual irá tensionar ao extremo o império da economia. Pois, e isto o Brasil mostra como ninguém, o que se chamou um dia de "Estado" não é mais hoje do que o acordo frágil entre grupos e gangues que precisam uns dos outros, mas que preservam sua autonomia de comando.

Militares, sistema financeiro e rentista, grupos de juízes que se servem dos escaninhos legais para serem catapultados ao centro do poder, enviados de Deus, latifundiários e assassinos de camponeses. Estes são os grupos que se digladiam em um Estado que é apenas a gestão de um caos carnavalizado contínuo. Um pouco como o Estado nazista, segundo Franz Neumann: o acordo frágil entre militares, industriais monopolistas, burocracia estatal e partido. É claro que um grupo como esse não pode "governar" nada, nem quer "governar" algo. Ele precisa, na verdade, gerir a impossibilidade de governar, perpetuar a crise usando o próprio líder como produtor de instabilidade, de uma luta contínua do "governo" contra o "Estado". Sua forma de gestão é a perpetuação da crise.

Não estamos diante de uma simples "regressão social", na qual os instintos pretensamente mais primários de isolamento, medo e ódio contagiam o campo do político. Dizer que há uma regressão significa, na verdade, naturalizar uma visão etapista do curso histórico, presente em certa noção de progresso na qual as democracias liberais desempenhariam o papel de estágio final da maturidade. Na verdade, toda ascensão fascista se fundamenta em um descontentamento real com as promessas que a democracia liberal anuncia, mas é incapaz de cumprir. Se ela se coloca como "contrarrevolução", o termo mais importante nesse sintagma é "revolução". É a mobilização da experiência da ruptura estrutural, é a crítica ao caráter falso da política meramente parlamentar, é a insistência na distância entre as instâncias de poder e a soberania popular que revela o conteúdo de verdade do fascismo. Contra isso, é preciso uma resposta revolucionária. E a forma dessa resposta só pode ser a da ação revolucionária, da prática transformadora. Chega de fingir que nascemos para ser "bons gestores" ou que devemos lutar por algum "pacto republicano". Chega de a esquerda fazer o papel espúrio de "civilizar o capitalismo para salvá-lo de si mesmo". Não há pacto com quem nos espolia e depois chama torturadores de "heróis". Mas, se não dermos voz ao desejo de sair, nunca encontraremos a porta de saída, mesmo que ela bata na nossa cara.

Matar como arte de governo

A virada fascista do neoliberalismo é um processo global que se move em velocidades diferentes. No Brasil, ele encontrou seu ponto máximo. O Brasil se constitui hoje em um laboratório mundial porque, no fundo, guardamos em nossa forma de criar vínculos sociais e em nossas instituições a estrutura da exploração escravagista colonial, incorporando as novas tecnologias do capitalismo contemporâneo. Os pontos de contato entre o mais arcaico – o passado colonial – e o mais moderno – a exploração do capital em seu estágio financeiro – mostram a continuidade entre passado e futuro. Um desses pontos convergentes é a gestão da morte.

Conhecemos esta narrativa: a partir da modernidade, a vida tornou-se um dos objetos do poder. Assim, os corpos passaram a ser vigiados, examinados, normatizados, e seus gestos e movimentos foram disciplinados e moldados pelas engrenagens da linha de produção. Participaram dessa modelagem dos corpos diversas instituições, das fábricas aos hospitais, das escolas às prisões. Mais tarde, chega a vez de as populações serem o objeto das intervenções. Nos grandes centros europeus do final do século XVIII em diante, o poder atua para promover o crescimento de uma determinada população ou, ao contrário, para evitar sua propagação.

Com o advento da fase neoliberal do capitalismo, dissemina-se o poder sobre as condutas. Governar significa, a partir de então, também gerir as possibilidades de escolha das ações humanas. O espaço da liberdade de escolha é cuidadosamente construído e significativamente reduzido. A disseminação generalizada da "liberdade de empreender" é garantida pelo braço militar do governo. Muitos aceitam jogar o jogo, apesar da evidência de que, para alguns empreendedores, o fracasso resulta em socialização das perdas, enquanto os demais estão sujeitos à morte econômica e social.

Mas há ainda outros mecanismos de controle quando falamos de sociedades que ocupam as margens do sistema mundial do capital. O poder nas regiões coloniais e neocoloniais, na África do Sul do apartheid, nas fronteiras da Europa Central, na Palestina e na América Latina, e mesmo, cada vez mais, nas periferias das grandes potências capitalistas, não pode ser explicado pelas teorias da biopolítica e do biopoder. É preciso investigar o avesso das formas modernas de exercício do poder sobre a vida – isto é, aquilo que sustenta essas formas do poder no centro, mas que só pode aparecer de forma plena inicialmente na borda do capitalismo. O exame da realidade desses espaços periféricos nos mostra que neles o poder construiu dispositivos que incidiam não somente sobre a vida, mas também sobre a morte. Afinal, a história desses territórios é atravessada pela prática sistemática da execução sumária, da tortura e do desaparecimento. Em regiões marcadas pela catástrofe da colonização, governar é gerir mortos e tratar setores da população como mortos potenciais. Governar é produzir zumbis. São Estados que operam como máquinas de desaparecimento. Seus governantes dedicam-se a decidir o destino *post-mortem* dos cadáveres anônimos que produzem, a dosar o acesso de determinados grupos às condições materiais necessárias para a sobrevivência, enquanto garantem a concentração de renda e os padrões de consumo conspícuo, levando-os até o limite da morte sempre que isso seja funcional ao sistema. Nada disso seria possível sem uma vasta rede de práticas voltadas para a produção otimizada da morte e do esquecimento. Assim, vemos nessas regiões a criação de sistemas tanto oficiais como informais de realização e encobrimento de assassinatos, mantidos por capitais públicos e privados, e para os quais contribuem diversas instituições, de órgãos de imprensa até hospitais e funerárias.

Há, portanto, um nexo entre as violências coloniais e as brutalidades atuais nas áreas periféricas do capitalismo. Para apreender as formas dessa violência no Brasil contemporâneo é preciso não apenas complementar algumas categorias da crítica social, como a de biopolítica, mas também investigar, no nível concreto da história, como se constituíram as práticas de morte que definem nosso país. Toda região colonial desenvolve seus próprios dispositivos, e, por mais que eles possam posteriormente se ramificar pelo globo, é a eles que devemos nos reportar para iniciar uma crítica ampla do funcionamento do poder em nível local.

No caso da formação do Brasil colonial, um dos maiores e mais eficientes dispositivos dessa política da morte é o latifúndio escravagista. Nossa colonização mimetizou o modelo da empresa comercial voltada para a exportação, descuidando, a princípio, da ocupação sistemática do território por parte de colonos europeus. Se o mercado interno, nessas condições, era precário e informal, a extração de bens para exportação, por outro lado, era uma atividade extremamente avançada e tornou-se, em pouco tempo, o coração do capitalismo mundial.

A escala inaudita desse extrativismo revolucionou as sociedades europeias, possibilitando o desenvolvimento da indústria. Como suporte dessa atividade, promoveu-se o maior deslocamento populacional da história humana, a saber, a diáspora afro-atlântica. Nosso país está no centro dessa violência fundadora do mundo moderno. Durante o século XIX, o Brasil foi o país que mais recebeu negros escravizados em todo o mundo e um dos últimos a abolir a escravidão.

O latifúndio escravagista é a célula elementar da sociedade brasileira, o elemento que modula a totalidade das nossas relações sociais. Podemos dizer que, se nossa matriz econômica colonial implica um dualismo em que as forças produtivas voltadas para o mercado interno são precárias, ao passo que aquelas voltadas para a demanda externa são muito avançadas, a isso corresponde um dualismo ontológico. Nossa sociedade só se reproduz reafirmando brutalmente a existência de senhores, por um lado, e de escravos, por outro; de brasileiros e de inimigos da pátria; de cidadãos e de marginais; de humanos e de "coisas". O latifúndio escravista é uma estrutura social que se perpetua mesmo após seu ocaso como célula econômica de produção. Ele é a alma do capitalismo brasileiro, em todas as suas fases. Essa lógica do latifúndio escravagista implica não apenas desumanização, mas extermínio, apagamento e esquecimento. Aqui, a ordem é sinônimo de guerra civil, e a função do Estado é torná-la permanente.

Do latifúndio escravagista saltamos para 2017, ano que contabiliza 65.602 homicídios no Brasil, sendo que 75,5% das vítimas são negras, segundo dados do Fórum Brasileiro de Segurança Pública. No ano de 2018, ao menos 6.160 assassinatos foram cometidos pela polícia – um aumento de 18% relativamente ao ano anterior. Em maio de

2019, 38,3% dos assassinatos registrados no Rio de Janeiro foram executados por policiais. Novamente, é preciso insistir que uma violência nessa escala e com aspectos tão recorrentes não pode ser entendida como arbitrária ou acidental. Trata-se, antes, de uma política estrutural da morte, em que polícias e grupos paramilitares assumem o lugar dos capitães do mato contra setores da população, objeto de fobia social por amplas parcelas das classes média e alta.

A perenidade das formas de violência originadas no período colonial pôde se dar, em grande medida, devido ao nosso regime de conciliação de classes. O medo em relação aos de baixo sempre unificou os de cima no esforço de reprodução do ciclo de desumanização, extermínio e esquecimento, de modo que as transições políticas na história brasileira se deram na forma de pactos entre diferentes setores da burguesia contra os setores populares. Sempre que os despossuídos começam a se organizar, liberais e conservadores, que antes se xingavam ferozmente nos plenários, se unem para destruir as centelhas de poder popular. Transformismos se dão, cooptações são produzidas. No Brasil, mesmo setores da chamada esquerda radical adotam posições moderadas e legalistas. Por isso, o regime de conciliação é indissociável de uma sequência impressionante de massacres e chacinas, mas também de resistências armadas. A história das conciliações políticas no Brasil é indissociável da história das greves, guerrilhas e revoltas populares. Conjuração Baiana, Cabanagem, Sabinada, quilombos, Contestado, Canudos, Revolta da Chibata, greves gerais de 1917 e 1952, Coluna Prestes, Insurreição Comunista de 1935, resistências indígenas, luta armada contra a ditadura, greves do ABC, saques em supermercados no início dos anos 1980, ocupações de terra contra o latifúndio. A contraparte necessária do Brasil do compromisso é o Brasil dos motins e da insurreição. É contra a força dos levantes que a política da morte não cansa de ser ativada. Portanto, é preciso assumir a ruptura com a sedutora e paralisante conciliação de classes, com o sistema de pactos e conciliações que anestesiou as forças de transformação na Nova República. Assumir essa ruptura e tirar todas as suas consequências.

Porque a ditadura nunca passou

Uma nova fase da política da morte brasileira se abriu com a ditadura empresarial-militar de 1964. Renovadas práticas de gestão da morte são transplantadas de outros contextos segundo as necessidades da burguesia em cada conjuntura. No Estado Novo, por exemplo, o temor diante da possibilidade de radicalização do proletariado, aberta pela industrialização e manifesta na fundação da Aliança Nacional Libertadora, culminou na Lei de Segurança Nacional de 1935. A partir daí, o anticomunismo ganhou uma função governamental, seja pelo engodo da revolução sem revolução do chamado desenvolvimentismo ou pela ideologia do pan-americanismo e suas diversas concretizações institucionais, como a Organização dos Estados Americanos (OEA).

Outras modulações revelam claramente o nexo entre as formas de violência que marcam nossa trajetória nacional e práticas contrarrevolucionárias coloniais, explicitando a existência de uma lógica de guerra civil silenciosa. No final dos anos 1990, o general francês Paul Aussaresses escandalizou seus compatriotas ao ir à televisão descrever o aparato de Estado de tortura e assassinato colocado em circulação na guerra colonial da Argélia. Os brasileiros não esperavam que viessem de brinde declarações sobre como esse antigo adido militar da embaixada francesa no Brasil colaborara ativamente na construção de aparelhos de crimes contra a humanidade entre nós. Dificilmente encontraríamos algo mais eloquente e instrutivo quanto ao vínculo entre colonialismo, gestão da morte e contrarrevolução.

À medida que o campo popular avançava, cresceu o medo da burguesia brasileira e radicalizou-se sua incapacidade estrutural de tolerar o mínimo de democracia reivindicado pelos setores marginalizados da população. O racionamento da democracia entrou, então, em modo contrarrevolucionário explícito, acirrando a guerra civil e disparando a máquina de constituição de inimigos internos. A partir de 1964, vimos uma expansão incessante dessa lista de inimigos: comunistas, sindicalistas e grupos de oposição ao regime; desempregados, miseráveis, negros periféricos; feministas, LGBTs e intelectuais; padres, putas e artistas. Essa lógica permanece depois do fim oficial da ditadura: os inimigos internos agora são os usuários de drogas, os grevistas, os moradores de rua, os sem-terra, os jovens encapuzados, os *black blocs* e outros "baderneiros". A proliferação da figura do inimigo interno é acompanhada pela multiplicação dos justiceiros: passa-se do policial, do delegado e do juiz para o guarda da esquina, os grupos de extermínio e as milícias.

A partir de 1964, as práticas e os dispositivos de gestão da morte foram unificados e incorporados como núcleo do Estado, contando com a participação orgânica dos braços armados do Estado e da justiça e, principalmente, com o apoio organizado do capital nacional e estrangeiro. Enquanto os militares ocupantes do governo destruíam as tímidas conquistas trabalhistas de João Goulart, os empresários, literalmente, faziam a festa. Ficou famoso o banquete organizado pelo ministro Delfim Netto no Clube São Paulo, em Higienópolis, durante o qual cada banqueiro, como Amador Aguiar (Bradesco) e Gastão Eduardo Vidigal (Banco Mercantil de São Paulo), entre outros, doou o montante de 110 mil dólares para reforçar o caixa da Operação Bandeirante (Oban), inicialmente um centro clandestino de crimes contra a humanidade. O mesmo Delfim circulará décadas depois em todos os governos da Nova República, chegando a ser conselheiro informal do governo Lula.

Segundo o relatório da Comissão Nacional da Verdade (CNV), além dos banqueiros, diversas empresas financiaram a formação da Oban: Grupo Ultra, Grupo Folha, Ford, General Motors, Camargo Corrêa, Objetivo, Nestlé, General Electric, Mercedes-Benz, Siemens e Light. Também está documentado o apoio ativo da Fiesp, cujo presidente, Theobaldo de Nigris, foi determinante para a arrecadação de recursos junto aos empresários. Algumas empresas forneciam não somente condições materiais para o aparato repressivo, mas também informações sobre seus trabalhadores, por meio de espionagem nos locais de trabalho. O relatório da CNV aponta, a esse respeito, a atuação da Volkswagen no Brasil, relatando a mobilização de sindicalistas em São Bernardo aos órgãos policiais de segurança no Dops.

Os grandes conglomerados econômicos atuantes hoje se fortaleceram, ademais, sob a proteção do Estado ditatorial, como foi o caso das construtoras (Camargo Corrêa, Andrade Gutierrez, Odebrecht), da indústria pesada (Gerdau, Votorantim, Villares) e, por fim, do sistema bancário (Unibanco, Bradesco e Itaú). Banco Itaú: fundado por Olavo Egídio de Sousa Aranha Setúbal, prefeito biônico de São Paulo entre 1975 e 1979, em plena ditadura militar, trineto da viscondessa de Campinas, do visconde de Indaiatuba e do barão de Sousa Queirós, sobrinho-bisneto do marquês de Três Rios, da baronesa de Itapura e da baronesa de Anhumas, sobrinho-trineto do visconde de Vergueiro, do barão de Limeira e da marquesa de Valença, e tetraneto do senador Vergueiro, um dos mais influentes políticos do Império do Brasil. Tudo isso, evidentemente, deve ter sido por mérito.

A nossa "transição democrática" foi feita para ser "infinita", para nunca terminar, porque se tratava de preservar esse núcleo necropolítico em atuação. Ao longo da Nova República, a contrarrevolução continuou em ação. Acrescentou-se às práticas de gestão da morte uma fina engenharia social de administração dos conflitos através de políticas públicas que encontraram seu auge na primeira década do século XXI.

Mas notemos onde estava o verdadeiro eixo do poder. Foi porque esse modelo contrainsurrecional permaneceu intocado que hoje ele pode ser reativado tão rapidamente. Os dispositivos mais violentos, centralizados no Estado, recobram o protagonismo assim que surgem as primeiras centelhas de revolta contra o regime autocrático que caracteriza o capitalismo brasileiro. Sequer foi preciso entrar em cena uma ação anticapitalista organizada para que a contrarrevolução voltasse à sua versão mais dura. Para deslanchar a contrarrevolução preventiva, unificando os donos do poder e os setores médios tomados pelo medo, bastaram os levantes de junho de 2013.

A frustração com nossa democracia ultralimitada foi um dos fatores que possibilitaram o retorno do espírito da ditadura na forma do Partido Empresarial-Militar, vencedor das eleições de 2018. O programa de intensificação da violência, a preparação de um governo de milícias, única saída da classe dominante para a manutenção do *status quo*, foi apresentado à população como a alternativa a uma experiência democrática racionada que acabara de demonstrar sua incapacidade de absorver a vontade de soberania popular, exemplificada pela tomada das ruas em 2013.

SEGUNDA RUPTURA: a tarefa política fundamental no Brasil é a destruição da máquina necropolítica que pulsa no coração de seu Estado. Essa máquina permaneceu intocada por todos os governos que conhecemos até hoje porque essa é a essência do próprio Estado brasileiro. Para combatê-la, não basta cerrar fileiras com a lógica gestionária da política de direitos humanos, que será sempre uma política de redução de danos. É preciso fazer desabar todo o aparato disciplinar do Estado, suas noções de "segurança nacional" e de "garantia da lei e da ordem".

Sem retorno

Para compreender como a legitimação eleitoral do fascismo foi possível, é preciso abandonar as ilusões sobre o período que se encerra, escancarando o caráter ilusório do falso movimento próprio à Nova República. Nesses trinta anos, nos fizeram engolir a história de que caminhávamos com rumo certo. Parecia uma decolagem, como "nunca antes na história deste país". Muitos estavam encantados com a ideia de nos tornarmos um *player* no tabuleiro do capitalismo global. Diziam que estávamos conquistando direitos, estabilizando a moeda, combatendo a fome, a miséria e o atraso. De fato, no reverso desse "neodesenvolvimentismo tardio", havia a opção inequívoca pelo latifúndio exportador (embelezado como "agronegócio", mas preservando até mesmo o trabalho escravo explícito). Além disso, desempenhou um papel central a explosão da informalidade, acompanhada da defesa das teses mais rasteiras sobre "empreendedorismo popular", "microcrédito".

Sem esquecer a inabalável garantia dos lucros exorbitantes do capital financeiro e das empreiteiras, chegando ao paroxismo com a Copa de 2014 e seu rastro impressionante de remoções e leis repressivas. Prometendo a uns e entregando a outros, o PT de fato levou ao máximo, e esgarçou, o sistema de pactos da Nova República. Seu ocaso em 2013 significou a passagem a um ponto de não retorno. Entender a frustração e o desgosto que se espalham pela sociedade, depois de ter se movido em falso no interior de um circuito fechado enquanto imaginava cobrir distâncias, é fundamental para atuar politicamente no período que se abre agora.

Devemos estar preparados para o pior, sem admitir, em momento algum, qualquer proposta de retorno aos pactos da Nova República em nome de uma "governabilidade" que é apenas nossa redução à condição de ventríloquo do pior. As ditas "conquistas" eram tão frágeis que ruíram ou estão se perdendo rapidamente. Está claro que não conseguimos suplantar nossa tradicional dependência da exportação de produtos primários. Nossa sina colonial continua intacta: desindustrialização, reversão da substituição de importações, reprimarização, desnacionalização, aumento da dependência tecnológica, vulnerabilidade externa estrutural, concentração de capital e dominação financeira. O fracasso da Nova República já estava dado de saída. O projeto, ao mesmo tempo impossível e conformista, de civilizar o capitalismo brasileiro, de limpar uma máquina de morte, capturou a imaginação política do país ao longo desse período. Foi vendida a ideia de que poderíamos construir um mundo brasileiro do trabalho e dos direitos enquanto continuávamos a fazer desaparecer populações. Esse transe acabou.

TERCEIRA RUPTURA: qualquer tentativa de reinstaurar o sistema de pactos da Nova República em nome de alguma forma de "governabilidade" ilusória expressa somente a ausência profunda de horizontes e a capitulação final. A miséria da política brasileira está na incapacidade de fazer o luto de seus modelos de compromisso e assumir sua obrigação de agir reconhecendo a impossibilidade das conciliações. Que se diga em voz alta: a era das conciliações acabou!

A partir de certo ponto, não há mais retorno.
É este o ponto que deve ser alcançado.

FRANZ KAFKA

Os campos de batalha

"Lá onde está seu maior perigo, também está sua salvação", diz Hölderlin. Com os olhos voltados para os principais alvos do fascismo nacional, podemos compreender por onde passará a força política de um país que acordou de seus delírios lisérgicos de grandes pactos. Pois o fascismo paradoxalmente é mais hábil do que nós em localizar o verdadeiro potencial de sedição social.

Não é por acaso que todo governo fascista precisa se voltar contra os batimentos do desejo. Trata-se de não deixar nenhum espaço sem sua interferência, para que de nenhum deles venha o início das rachaduras. Se todo fascismo fala tanto sobre sexo, sobre corpos em contato, sobre quem e o que pode ser visível, sobre nossas crianças ameaçadas, sobre a maneira singular com que cada um se desenha e se decompõe, se já os nazistas alemães gritavam contra o "bolchevismo sexual" e falavam de deus a cada parágrafo no qual corria o sangue da violência estatal, isto não é uma manobra diversionista. É operação essencial.

O embate diante de nós é um embate de formas de vida. No interior das formas de vida, as relações de desejo, de trabalho e de linguagem têm a mesma força de desestabilização e criação. Triste é perceber que são os fascistas que compreendem melhor isso, tanto que operam em todas as frentes desde o início. Eles quebram a força de produção de desabamentos na linguagem vinda das artes, calam todas as formas descontroladas do desejo, submetem a classe trabalhadora ao inferno da precarização e da espoliação neoliberal. Tudo ao mesmo tempo, sem desdenhar de nenhuma frente de combate. Por isso, todas as lutas – da autogestão das fábricas, da apropriação da terra à invenção e visibilidade da plasticidade da vida afetiva – são uma só, só podem ser uma só. Não há nada subordinado aqui, nada é secundário. Há conexões explosivas entre desejo, trabalho e linguagem que ainda não conhecemos.

Mas operar na imbricação desses campos exige uma mutação profunda no que entendemos por enunciação política, em como falamos. Estamos tão colonizados pela gramática da gestão social que só conseguimos pensar nossas enunciações políticas sob a forma de demandas. Ou seja, sob a forma de declarações sobre como espero que o Estado me reconheça, me determine, me classifique e legisle sobre mim. Esquecemos como uma enunciação política coloca todos os lugares em metamorfose, produzindo conexões completamente inesperadas e em movimento. Ela junta travestis e operários, estudantes e camponeses, índios e atendentes de telemarketing. Uma solidariedade profunda não pode ser suportada pelo fascismo.

Uma verdadeira enunciação política revolucionária nunca será uma demanda, pois demandas são dirigidas a poderes constituídos, a poderes que não somos nós mesmos. Já se dizia, toda demanda é uma demanda de amor, e está na hora de parar de amarmos os que nos destroem. Os alvos do fascismo nacional têm por caraterística comum colocar em circulação falsas demandas, ou seja, enunciações que não podem ser contempladas sem que tudo desabe. Elas parecem pedir algo bastante específico, mas rapidamente fica claro que responder a tal especificidade não é possível, pois ela nasceu para explodir o que se pode responder, ela nasceu para se transmutar em "outra coisa". Pois o que realmente queremos é sair. De uma vez.

A juventude é um esporte de combate

Em novembro de 2003, quatro adultos e um jovem de 16 anos sequestraram e assassinaram um casal de estudantes que acampava em um sítio em Embu-Guaçu, na Grande São Paulo. Condenado por assassinato e estupro, o mais jovem do grupo, conhecido como Champinha, foi internado na Febem, enquanto os demais criminosos foram encarcerados. O fato teve grande repercussão na mídia, e deu gás ao velho debate acerca da redução da maioridade penal. Poucos dias depois do crime, Bolsonaro concedeu uma entrevista na Câmara dos Deputados, aproveitando a oportunidade para reafirmar os ideais da linha dura contra menores infratores. Logo ao lado, a deputada Maria do Rosário também conversava com jornalistas a respeito do caso Champinha, mas posicionava-se contrária à proposta de redução da maioridade penal. O resultado foi o bate-boca entre ambos, em que Bolsonaro xinga a parlamentar de vagabunda e diz que não a estupraria porque ela não merece. O vídeo viralizou e foi a ponta de lança para a fama de Bolsonaro. O capitão, até então um desconhecido representante parlamentar das milícias e dos porões da ditadura, passou a frequentar programas humorísticos e sensacionalistas. A figura do menor infrator, presente nesse momento em que Bolsonaro despontou na cena pública, nunca saiu do centro de seu discurso.

A demagogia de Bolsonaros e Datenas dá a entender que existe uma taxa alarmante de crimes violentos cometidos por jovens. A gritaria esconde o fato de que nem um sexto dos atos infracionais cometidos por menores de dezoito anos são "contra a pessoa" (homicídio, latrocínio, estupro ou lesão corporal). A função desse tipo de fala é, antes, desumanizar uma parcela da juventude a ponto de tornar esses jovens matáveis. Não por acaso, o número de jovens assassinados subiu 37% entre 2007 e 2017.

A repetição *ad nauseam* de crimes cometidos por jovens ressoa no medo das classes dominante e média de que a barragem que os separa dos marginalizados finalmente rompa. Nos sonhos atormentados da população do lado de cá da exclusão, o marginal "de menor" está sempre prestes a aparecer com seu fuzil nas costas ou a apedrejar a vidraça de um banco. Esse inimigo interno é poderoso. Além de serem numericamente superiores, esses "de menor" seriam favorecidos por um sistema corrupto, que faria deles os campeões da impunidade em um país assolado por bandidos. Daí a revolta contra aqueles que "defendem bandidos" e "não deixam a polícia fazer seu trabalho", ou seja, cumprir a tarefa da gestão exterminadora dos sobrantes. O alarmismo sobre jovens assassinos não apela à lei, mas à sua transgressão pelas forças de repressão. É olho por olho, dente por dente, e ainda por cima de maneira preventiva: de preferência a polícia deve matar os potenciais assassinos antes mesmo que eles ajam. É bastante evidente que o apelo "anticrime" não é um apelo à aplicação rigorosa da lei, mas uma demanda por um tipo específico de crime. Há um setor da população que deseja ardentemente que os agentes da lei tenham maior segurança jurídica para matar. Para eles, já que vivem em guerra contra a própria população, melhor seria se um juiz suspendesse o direito para que a morte se produzisse sem imprevistos.

A carta branca dada à polícia faz vítimas negras. Além da pele escura, esses adolescentes assassinados têm uma história longa. A abolição da escravidão e a exclusão da população negra, dela decorrente, coincidiram com o crescimento das grandes cidades e da modernização das técnicas de controle social. Nesse contexto, o combate à "delinquência juvenil" se tornou um princípio de orientação das políticas públicas, e seu principal alvo era a população jovem e negra. Ao longo do século XX, as intervenções penais sobre crianças e adolescentes "desajustados" se aperfeiçoaram. Na ditadura empresarial-militar, os meninos de rua se viram alçados a objetos da Lei de Segurança Nacional, e seu "ajuste de conduta" passou a se dar por meio da Funabem/Febem, criada em 1974.

Não é por acaso, portanto, que a destruição do Estatuto da Criança e do Adolescente (ECA) seja outro lugar-comum da fala de Bolsonaro. Instituído no contexto da promulgação da Constituição de 1988, o ECA foi resultado da ampla mobilização nacional promovida por grupos como o Movimento Nacional de Meninos e Meninas de Rua. O texto final se baseia na "doutrina da proteção integral", que visa garantir os direitos fundamentais de todas as crianças e os adolescentes em sua "condição peculiar de pessoa em desenvolvimento" (expressão reiterada nos artigos 6, 69, 71, 121), concebendo-os como agentes participativos da sociedade.

No entanto, por melhores que sejam suas formulações, na prática o ECA se revelou frágil – como, aliás, todas as conquistas da Nova República. Ele não apenas não impediu o assassinato e o encarceramento em massa da juventude como conviveu com a sobrevida de concepções de controle da juventude elaboradas no Código de Menores da ditadura. Como o que vivemos nos últimos anos foi uma administração piedosa da exclusão social, e não o desmonte definitivo da lógica política do Estado brasileiro, hoje as conquistas desabam a olhos vistos.

Mas sigamos a outra ponta desse novelo. Vimos que Bolsonaro desponta em 2003 como um combatente de jovens marginais. De maneira paradoxal, sua consolidação como político de expressão nacional virá alguns anos depois, quando aparecerá como um defensor da juventude. Em 2011, o capitão reformado ganhou novamente os holofotes ao denunciar o programa "Escola sem homofobia", apelidado por ele de "kit gay". O cancelamento do plano de combate à discriminação nas escolas foi sua primeira vitória política relevante. Segundo suas próprias palavras, em 2017: "O kit gay foi uma catapulta para minha carreira política." De fato, três anos depois da guerra contra o programa "Escola sem homofobia", Bolsonaro foi o mais votado nas eleições legislativas, quadruplicando o número de votos que havia recebido em 2010: saltou de 120.646 para 464.572 votos.

Poderíamos desatar os nós desse paradoxo afirmando que a representação do jovem infrator, plenamente consciente de seus atos, necessita de uma contraparte, ou seja, a do jovem como um ser indefeso, inocente, cujos algozes são os terríveis professores esquerdistas, e cuja salvação é a família e a religião. Exageradamente infantilizado, esse adolescente é imaginado como desprovido de defesas intelectuais diante da lavagem cerebral a que é submetido em sala de aula. É a vítima por excelência – em oposição ao menor marginal, impiedoso e sanguinário. É essa a figura que sustenta o discurso do "Escola sem Partido". A leitura do projeto de lei do Senado n. 193/2016, de autoria de Magno Malta, deixa isso bastante claro. No texto, os alunos são descritos como "audiência cativa" da qual o professor se aproveita para "manipular", "explorar politicamente", "transformar em réplicas ideológicas de si mesmos". Tal representação da aprendizagem se opõe à perspectiva teórica de um dos principais símbolos do "lixo" a ser extirpado das escolas: Paulo Freire.

Cabe lembrar que a pedagogia freiriana tem por princípio considerar os conhecimentos prévios do aluno para a aprendizagem. Ela não toma o aluno como um ser incompleto a ser preenchido, mas como alguém capaz de participar ativamente de seu processo de aprendizagem. Nada mais antifreiriano, portanto, do que a concepção do aluno como *tabula rasa*, material a ser moldado por um doutrinador qualquer. Mas o ódio e a irritação que Paulo Freire suscita na direita não têm nada a ver com a defesa da liberdade intelectual. Antes, sua pedagogia incomoda por ameaçar a exclusão que estrutura o capitalismo brasileiro. Durante muito tempo, o analfabetismo foi um elemento central da exclusão política. A Constituição de 1891, que sucedeu a abolição, proibia os analfabetos – em sua maioria, escravos recém-libertos – de votar. Essa proibição se manteve pelo século de alternância entre ditaduras e democracias racionadas que se seguiu, só sendo abolida com a Constituição de 1988. Para os setores conservadores, o Programa Nacional de Alfabetização, coordenado por Freire a convite de João Goulart, era um verdadeiro golpe, pois colocava em risco a manutenção da exclusão política dessa população. Segundo o levantamento da comissão chefiada por Freire, o número de analfabetos entre 15 e 45 anos, em setembro de 1963, era de 20.442.000 – sendo que a população era de aproximadamente 80 milhões de pessoas. Poucos dias depois do golpe, o Programa foi extirpado, e, dois meses depois, Paulo Freire foi preso e torturado.

Para preservar a inocência das crianças da influência espúria dos professores existem duas medidas: ou bem purificar o ambiente escolar, ou bem afastar o jovem da escola. Para purgar a sala de aula, varrendo o "lixo marxista", impõe-se o controle ideológico dos materiais didáticos, assim como das pesquisas realizadas em nível superior, a limitação da verba daqueles que não se ajustarem à cartilha. O que enfrentamos, porém, é menos uma censura convencional e mais uma tentativa de fomentar um processo "de baixo para cima". Os próprios jovens são incentivados a atuar como censores e delatores. Se houvesse uma lei de censura clara, seria relativamente fácil burlá-la: tais e tais palavras estando proibidas, usam-se outras e evita-se um processo. Contudo, cabendo a cada estudante o papel de censor, fica o professor exposto ao julgamento instantâneo realizado pelas redes sociais a partir de provas produzidas por celulares sempre prontos para entrar em ação no momento preciso, abstração feita do contexto da aula, do programa do curso etc. A segunda medida é mais simples e consiste em limitar o acesso da juventude à escola e à universidade. A defesa do *homeschooling* e da tese de que o ensino universitário é um "fetiche" e não devria ser para todos seguirá a todo vapor.

Toda essa fixação com a juventude não é loucura. Ela tem método. Pois, se a juventude brasileira é um setor social em sedição potencial, é daí que vêm os primeiros movimentos das novas configurações políticas. Os filhos da classe trabalhadora sofrem os impactos da crise econômica de modo brutal. O desemprego entre os jovens é duas vezes maior do que a taxa geral, sendo que boa parte deles – em sua maioria, mulheres de baixa renda – não trabalha nem estuda. Ao mesmo tempo, o estudo universitário já não representa a ascensão social que outrora representou. Por mais que o ensino se submeta aos ditames do mercado, o diploma é cada vez menos garantia de empregabilidade. Ninguém espera alcançar um posto de trabalho correspondente à sua qualificação. Dos jovens que trabalham, a maioria está no setor informal. São os "jovens empreendedores" louvados pelo Partido Empresarial-Militar, pelas cartilhas do Instituto Liberal e pelos cursos do Sebrae. Suas vidas, porém, não são marcadas por autonomia, criatividade e proatividade, mas pela correria infernal dos empregos com alta rotatividade, baixa remuneração e ausência total de garantias trabalhistas.

A juventude experimentou a falência da Nova República metodicamente. Nas revoltas de junho de 2013, a maior parte das pessoas que ocupou as ruas tinha entre 12 e 24 anos. Elas exigiam melhores serviços públicos, uma vez que o pouco que houve de aumento de renda era corroído quando se passava dos péssimos serviços públicos para o setor privado. O tema da mobilidade urbana é especialmente revelador da captura do Estado por interesses empresariais. Essa juventude conheceu a fúria do Estado, que reprimiu a revolta violentamente. Em 2014, a juventude voltou às ruas contra os gastos com a Copa do Mundo e viu como o aparato repressivo havia sido aprimorado. Ainda sob uma administração da esquerda neoliberal, o aparato estatal se armou covardemente para enfrentar sua própria população. Em 2015 e 2016, a juventude ocupou escolas contra o seu fechamento. Enquanto estudantes eram perseguidos e relatavam episódios de tortura por policiais, Dilma terminava seu mandato da forma desonrosa, aprovando a infame Lei Antiterrorismo. Por fim, a juventude foi a responsável pela primeira manifestação em massa contra o fascismo no governo, em maio de 2019.

A juventude aprendeu a não esperar nada. Por isso mesmo ela é hoje o maior problema do Partido Empresarial-Militar. Ela é a primeira manifestação do ingovernável e, em mais de uma ocasião, fez as ruas queimarem. O jovem realmente existente – explorado, desiludido, encarcerado – compreende, com maior ou menor clareza, o que significa o aprofundamento da precarização da vida. Só à base da demagogia (cujo efeito não é muito duradouro) e, sobretudo, à base da força é que esse jovem cerrará fileiras da retaguarda da "revolução conservadora" brasileira. A juventude está em disputa justamente porque ela é o setor capaz de calar a contrarrevolução conservadora e abrir os caminhos para uma revolução popular.

A insubmissão da natureza

Pode parecer estranho para alguns que um dos alvos privilegiados do novo fascismo seja a natureza. Pois tudo nos levava a crer que o capitalismo estava ensaiando novas cores, tentando agora apresentar-se como "capitalismo verde", parceiro nas exigências de "consumo responsável" e "desenvolvimento sustentável". Porém, é radicalmente o contrário que temos observado e, literalmente, sentido na pele. A associação entre neoliberalismo e as formas primitivas de acumulação do capital alimentou a mercantilização da natureza, desde materiais genéticos da flora e da fauna até as reservas ecológicas.

No Brasil, o acirramento do ataque à natureza pode ser visto na liberação de 239 substâncias agrotóxicas nos primeiros seis meses com Bolsonaro na presidência. Há ainda um forte avanço do desmatamento da Amazônia. Dados do Instituto Nacional de Pesquisas Espaciais mostram que o desmatamento na região subiu 36% durante o período eleitoral. Os que defendem apaixonadamente "os que produzem" não hesitarão em esmagar povos da floresta em primeiro lugar. Essa postura, evidentemente, não é de hoje. Basta lembrar as posturas lamentáveis de setores da esquerda, bem resumidas na infame carta sobre a *Trapaça Ambiental*, do então relator do projeto de lei do novo Código Florestal, Aldo Rebelo. Na ocasião, o deputado se colocava ao lado de figuras como a ruralista Kátia Abreu, denunciando o fato de que "o chamado movimento ambientalista internacional nada mais é, em sua essência geopolítica, que uma cabeça de ponte do imperialismo". Em nome dos mesmos interesses, vemos hoje Bolsonaro dizer que nosso país é alvo de uma "psicose ambientalista".

Na atual crise do capital, que se desdobrou em uma nova fase autoritária, as forças econômicas e políticas visam a exploração predatória daquilo que sobrou. Em termos imaginários, temos a reatualização do faroeste hollywoodiano. O Brasil do *bang-bang* só poderia ser o país da "mata virgem", inabitada, pronta para ser explorada. Nos filmes, a hostilidade da natureza (rochosa, árida, monumental) é um elemento necessário para que o herói possa mostrar sua plena força de superação, representada, invariavelmente, em cenas de sanguinária brutalização. No momento atual, em que o indivíduo está mais aquebrantado do que nunca esteve, as armas e as serras elétricas adquirem, lado a lado, o estatuto de objetos de fetiche.

No entanto, há algo na relação não exploratória com a natureza que liberta. É essa força de liberdade que assombra, é ela que precisa ser destruída. Certamente, não se trata de um apelo ao "retorno às origens", que nos forneceria territorialidade e ancestralidade, como pretenso contraponto aos movimentos do capital. Depois de décadas flertando com os mais absurdos arranjos produtivos do capitalismo monopolista, uma consciência ecológica de combate e ruptura está emergindo. Mais uma vez de forma preventiva, é contra ela que o fascismo se volta.

Em um país como o Brasil, cujo pretenso desenvolvimento foi impulsionado pelo fantasma da *tabula rasa*, do espaço vazio a ser conquistado, os índios são riscados do mapa e a natureza é redesenhada pelos novos arranjos dos monopólios. Esses axiomas imperaram até mesmo em setores da esquerda, tomados por delírios produtivistas. O que não deveria impressionar ninguém. Para quem acha que "autonomia" é ser o legislador de si mesmo, é "gerir" a si mesmo ou aquilo que, no final, acabará por se acomodar aos limites do campo de nossa atuação, tudo o que não se submete às formas do "si mesmo", tudo o que guarda uma heteronomia radical será visto apenas como o que merece sentir as rodas do trator e da colheitadeira sobre suas costas. Quebrar a solidariedade entre razão e dominação é algo mais difícil do que parece.

Há várias maneiras de dominar a natureza, e todas elas são uma história que conhece apenas um fim, a saber, o que me era estranho agora é minha posse. Ou é posse do grupo do qual faço parte ou do corpo coletivo que também é meu. Propriedade privada, propriedade comunal, propriedade coletiva, propriedade estatal. No final, são as mesmas formas de relação. Como se o destino da natureza fosse ser "minha", independentemente das formas que esse "minha" possa tomar. Como se seu destino fosse ser uma "coisa" pronta para o uso, e não um processo livre que lembra, à vida social, como ela ainda é o espaço da servidão.

Uma sociedade emancipada é uma sociedade onde não apenas os "sujeitos" estão livres, mas também onde as "coisas" estão livres, porque não há mais "coisas", não há mais esse dogma metafísico que separa "pessoas" (seres dotados de agência livre) e "coisas" (que são apenas a ocasião para o exercício do domínio das pessoas). Porque as "coisas" agem, elas são inapropriáveis. Porque o dogma teológico da vontade como garantia da diferença entre a liberdade humana e o mundo natural acabou.

Nesse sentido, a batalha fascista contra a natureza não é apenas mais um setor explícito do desejo de expandir os processos de acumulação primitiva para horizontes nos quais a mão humana ainda não tocou. Há algo a mais aqui. Pois o Brasil é um dos poucos lugares no mundo onde ainda podemos nos relacionar com vastas áreas inapropriadas e que, portanto, efetivariam algo dessa liberdade radical que possui a natureza de produzir perenemente suas próprias normas. Isso não poderia deixar de ressoar na experiência social de quem está aqui.

A batalha fascista é pela abolição dessa necessidade de se relacionar com o que não se deixa possuir, com o que promete à vida social a possibilidade de novas formas, com o que a livra dessa ilusão disciplinar de autonomia que esconde apenas um desejo inconfesso de mais dominação e distinção entre humano e animal, entre a construção do espaço social e a potência biológica da vida.

Nesse sentido, nada pior do que errarmos de alvo e acreditarmos que nossa resposta passa por novas formas de apropriação. Nossa resposta passa por estender a noção de "sujeitos" para aquilo que parecia ser apenas o obstáculo a ser vencido, o "vazio" a ser ocupado ou transposto. Como foi dito antes, trata-se de uma batalha de formas de vida. A natureza não é nem idílio nem estoque pronto a ser usado. Se ela é um alvo maior do fascismo, é porque novas formas de relação com a natureza implicam mutações econômicas e políticas profundas. Pois ela produz metabolismos que podem depor as formas da dominação. A dominação dos humanos é indissociável do desejo de dominação das coisas. Não querer dominar as coisas, descobrir a humanidade das "coisas", é o passo fundamental para nos livrar da dominação dos humanos. Por isso, emancipados eram os índios bororos, que diziam: "Eu sou uma arara". Nunca foi tão evidente a incompatibilidade radical entre o capitalismo e a vida.

É apenas arte...

Ninguém melhor do que aqueles que nos combatem para saber de nossa verdadeira força. Alguém poderia estranhar a inusitada importância que as questões culturais e artísticas ganharam nos últimos anos. Não apenas apresentações teatrais, performances e exposições foram duramente atacadas, perseguidas e censuradas, como voltou à cena um debate adormecido desde que Goebbels gritava palavras de ordem contra artistas e contra o "marxismo cultural".

Pode parecer, à primeira vista, que se trata de certo diversionismo, da velha tática de desviar o foco de brutalidades evidentes, deslocando-o para outras arenas de embate, como as políticas identitárias, os costumes, a sexualidade, a religião, ou seja, estimulando uma suposta guerra cultural. Neste sentido, alguém poderia acreditar no que disse o estrategista de extrema direita Steve Bannon: "Quanto mais eles [a esquerda] falarem em política identitária, mais eu ganho". Se perdemos tanto nos últimos tempos, não é porque a força dos eixos da dominação que passam pela raça, pelo gênero, pela sexualidade passou à frente. Foi porque a crença falsa de que tais lutas eram identitárias tende a confundir alguns. Se só é possível uma vida livre fora das amarras do poder do Estado, então fazer esse Estado ruir exigirá alianças inesperadas e inauditas, exigirá sujeitos que assumam múltiplas formas e façam suas vozes ecoarem por múltiplas vozes. É o capitalismo que chama tais lutas de "identitárias", pois ele quer reduzi-las ao embate de uma identidade por outra, e não de uma humanidade livre contra uma vida mutilada.

Por isso, essa linha de combate não é desvio. Ela é o centro. Pois se trata de destruir toda emergência de sensibilidades outras, de formas de relações impossíveis, de percepções não colonizadas, de visibilidades do que até agora foi invisível. É disto também que a arte trata. Por isso, o poder precisa calá-la.

E ela já tem sido calada de múltiplas formas. A inteligência fascista atual consiste em lutar preventivamente contra o que irá emergir. Uma das formas de silenciar a arte tem sido através de sua captura por fundações privadas mantidas por corporações financeiras. A polêmica sobre a mostra *Queer Museum* tem relação com a Fundação Santander, que financiou o evento através de renúncia fiscal. Antes do episódio de Porto Alegre, São Paulo tinha vivido outra polêmica cultural, a utilização de *blackface* em uma montagem teatral. Na ocasião o debate foi capturado pelo braço cultural de outro poderoso banco (Itaú), que apareceu para os desavisados como um autêntico, legítimo e corajoso defensor da causa negra. O debate organizado na sede do Itaú Cultural na avenida Paulista foi mais um passo para consolidar o embuste da democracia racial, reforçando a visão de que eventuais derrapadas nada têm a ver com um suposto racismo estrutural e crônico, que é efetivamente o que nos caracteriza como nação, resultado de três séculos e meio de escravidão oficial.

Até a Lei Rouanet, tão debatida quanto pouco conhecida, ocupou o centro dessa nova arena de conflitos. Esse mecanismo representa um achado genial dos setores dominantes brasileiros (a expressão aqui designa tanto o poeta José Sarney como o intelectual e dublê de secretário de Cultura – o

MinC tinha sido extinto – que deu nome à lei durante o governo Collor) e é o exemplo perfeito da vanguarda do atraso que tem caracterizado boa parte das políticas públicas de cultura no país. Pois bem, a lei não foi criticada pela promoção escandalosa de transferência de recursos (através da renúncia fiscal) e competências (planejamento estratégico e poder decisório, por exemplo) da esfera comum para a esfera privada, preferencialmente para a do grande capital. Ela tampouco tem sido criticada pela longa lista de distorções que a acompanha desde sempre: concentração regional no Sudeste, desvios de finalidade, crescimento exponencial dos intermediários etc. No lugar desse debate, ficou o quê? O falatório circunscrito aos clichês do tipo "artistas mamando nas tetas do Estado". Sobre o poder dos departamentos de marketing em definir parte significativa da cultura nacional, muito pouco se ouviu.

Isso apenas mostra que a luta da arte contra o fascismo não poderá se fazer recuperando algo dos processos de produção e de autocompreensão que até então vigoraram. Esse combate pede uma arte revolucionária. Essa questão não tem mais como ser escondida: o que é atualmente uma arte revolucionária? Simplesmente colocar tal questão aparece para muitos como um despropósito, o que demonstra a que ponto de capitulação chegamos. Mas é esse despropósito que nos espera.

Que ela seja enunciada então inicialmente no Brasil. Pois, no Brasil, o colonialismo hiperviolento é reatualizado a cada dia sem poupar nenhuma dimensão da vida social. O teatro jesuítico no século XVI estabeleceu esse padrão que articula violência real e simbólica. Nosso primeiro teatro de matriz europeia foi claramente politizado, cruel, violento, falsificador e... sedutor, incluindo, como isca, elementos da cultura indígena nos textos e nas encenações, com objetivos proselitistas e de aniquilação da alteridade.

É um truísmo, mas daqueles que vale a pena repetir sempre, o fato de as classes dominantes se empenharem em transformar seus interesses particulares em universais. Não apenas seus interesses, mas também suas formas. Não apenas os conteúdos expressos nas produções culturais e artísticas refletem a ideologia hegemônica, mas também a forma e as relações sociais de produção consolidam suas formas de vida. A figura do herói é emblemática a esse respeito, ainda mais em um país no qual setores progressistas regrediram ao populismo, no qual vivemos uma regressão peronista da política. Não importa se o herói é de esquerda ou direita, o que importa é que ele continua sendo herói, e a existência do "sistema herói" permite a transferência simbólica (embora com consequências reais) de responsabilidades do plano coletivo para o plano individual. Passa-se do comum (simples) para o excepcional, do comum (compartilhado) para o particular. Então, a poderosa e inspiradora ideia de emancipação perde força com esse "sistema herói" que o regime burguês instaura (recuperando-o de tradições anteriores), já que a possibilidade da mudança, impulsionada pela ação conjunta e organizada, é confiscada e anulada ao ser transferida para fora da esfera coletiva. O herói é o avatar perfeito da visão metafísica que supõe um criador ou protetor apartado da vida cotidiana e da história.

O rei Midas, segundo a lenda, transformava em ouro tudo o que tocava, e isso o impedia de se alimentar. A generalização da mercantilização atualiza esse antigo mito. Via de regra, as ações culturais na última década, do MinC e de seus parceiros no setor privado, submeteram-se às regras da economia criativa, da geração de renda, do empreendedorismo cultural, do pragmatismo e das armadilhas publicitárias. O resultado foi a proliferação de subprodutos oriundos dos novos modelos de negócios, tão caros ao *business* cultural em tempos de entretenimento globalizado. A tímida democratização da produção cultural pela via dos editais foi esterilizada graças à manutenção da estrutura comercial de circulação dos produtos artísticos. Desse modo, o que se vê nos últimos anos é a exploração contínua e intensa dos trabalhadores da cultura, cuja maioria enfrenta uma verdadeira "guerra pela sobrevivência", especializando-se em escrever projetos para melhor se adequarem às condições da nova economia criativa.

A política cultural petista/lulista nunca ultrapassou os limites do consenso morno do projeto mais amplo que a originou. A simpatia do ministro Gilberto Gil não conseguiu esconder a geleia geral que reunia uma espécie de tropicalismo redivivo – sempre tão rebelde quanto integrado ao mercado – e o velho "modo petista de governar", em franca degeneração burocrática e acomodação ao *establishment*. O discurso foi parcialmente renovado, mas o ideário liberal continuou presente, com seu universalismo de pacotilha, a aceitação tácita da competição e da meritocracia e uma convivência pacífica com as regras de mercado. Se os governos Lula e Dilma não produziram cartilhas afirmando que a "Cultura é um bom negócio", como fez em 1995 Francisco Weffort, fundador do PT e ministro da Cultura de FHC, foram eles que abriram o caminho para os novos modelos de negócios culturais, para o *soft power* e para a falsa panaceia da economia criativa. Aliás, o lobista João Dória inovou em 2019 adicionando justamente a expressão "economia criativa" ao nome da Secretaria de Cultura do Estado de São Paulo.

Uma das razões para essa relativa estabilidade do modelo cultural dominante no Brasil, e mesmo seu aprofundamento, foi a aproximação das concepções de arte e cultura assumidas pelos principais atores políticos das últimas décadas. A quase anulação das diferenças (uma vez que a ideia de ruptura virou anátema) se deu na esfera política geral, incidindo, por sua vez, no âmbito da cultura e de suas políticas específicas.

Em todo esse horizonte, fica clara a capitulação da zona de conflito entre arte e a lógica econômica da mercadoria com suas dimensões fascinantes. Não por acaso, até mesmo a ideia de crítica da cultura saiu do radar dos gestores da integração e da produção mercantil de "novos espaços de afirmação cultural". Isso a ponto de se confundir mais espaços na indústria cultural com emancipação. Essa miséria que se passa por crítica é capaz de tentar nos levar a acreditar que produtos da indústria cultural são a forma bem-sucedida da emancipação. Como se as lutas por emancipação negra e feminina se realizassem naturalmente no novo clip de Beyoncé e Anitta, em uma celebração macabra da força de integração do capitalismo em seu ponto mais fascinante.

A arte não pode excluir a dimensão rebelde e antissistêmica. Ela também diz respeito ao que abala formas. Ela diz respeito à criação e fruição de bens simbólicos inapropriáveis, recusando a produção industrial e o consumo entorpecente de mercadorias culturais. Por isso a luta não pode se resumir somente ao que chamamos de conteúdo ou temas, mas deve necessariamente incluir a passagem da lógica do objeto/mercadoria para a lógica da relação/processo. Essa visão de arte crítica e criativa – antiburocrática e anticapitalista – é a antítese perfeita das concepções e práticas gestadas, nascidas e sustentadas pela forma mercadoria. No entanto, nas últimas décadas, o panorama se complicou com o aparecimento de discursos e ações que utilizam o vocabulário e certas práticas das esquerdas, como a criação compartilhada e os modelos em rede. Surge assim um movimento aparentemente horizontal e democrático, pós-rancor (sic) – em geral relacionado a pautas identitárias legítimas e a temas caros à juventude –, tudo misturado a uma agenda economicamente conservadora e falsamente libertária, que obviamente não diz seu nome. A hábil manipulação do jesuíta José de Anchieta renasce em *terra brasilis*. Aparentemente fora do eixo, os negócios culturais prosperam. Na arte/cultura, mas também na comunicação, não há mais pudor em utilizar termos como empreendedorismo, economia criativa, *soft power*, monetização, geração de renda.

Evidentemente, é possível ter uma perspectiva anticapitalista consequente e viver de arte em um mundo hegemonizado pela forma mercadoria.

O que está em questão é a necessidade de revelar a contradição radical entre arte e cultura plenas e o capitalismo. Nos tempos que correm a contradição é ainda mais visível, porque não é novidade que o fascismo odeia a cultura. Nosso desafio, então, é mostrar a incompatibilidade da plena criação artística e da plena expressão cultural no ambiente utilitário, vulgar e cerceador do capital. O desafio passa pela invenção que une ousadia política e investigação de novas formas. E passa também pela denúncia da cultura oportunista que se integra ao capitalismo pretensamente descolado, veloz, *cool*, superconectado e hipercontemporâneo, vendido como alternativa à vida danificada.

Mais do que nunca, a imaginação política depende da e precisa estimular a imaginação poética. E vice-versa. A ausência de uma delas mutila gravemente a outra.

Transformar a loucura em uma arma.
COLETIVO SOCIALISTA DE PACIENTES (SPK)

Porque nós ainda não vimos nada

O tempo de atravessar o solo

A crise social no Brasil hoje não se resume a novos perigos e à violência desmesurada. Ela é também a expressão do esgotamento profundo dos modos de organização das lutas e das mobilizações. Ela é uma crise de imaginação política, de medo diante das possibilidades da imaginação. Não se trata apenas de esperar por novos líderes, de fazer partidos voltarem "às bases" ou de resistir em nossos espaços. Agora, começa um dos mais duros exercícios, a saber, essa mistura de consciência do colapso de nossas forças e da possibilidade de sua reconstrução. A ascensão à presidência de uma figura com vínculos orgânicos à ditadura militar significa, entre outras coisas, que o modelo de organização e luta produzido no fogo do combate à ditadura, modelo que nos guiou nesses últimos trinta e cinco anos, não nos serve mais. Não somente sindicatos e partidos foram neutralizados, mas também o foram movimentos sociais independentes, na medida em que seus militantes se converteram pouco a pouco em quadros técnicos de governos e prefeituras ou optaram pela "parceria" com mandatos e ONGs – que, por sua vez, vivem da perpetuação de "problemas sociais" e, portanto, são reféns de políticas institucionais. Por essa via, as organizações tradicionais mostraram não estar à altura das irrupções que a sociedade contemporânea conheceu nos últimos tempos e conhecerá ainda mais. Essa pode ser a oportunidade de emergência de um poder popular efetivo, capaz de nos livrar das amarras de uma democracia racionada, de uma lógica conciliatória de paralisia e de um sistema econômico de espoliação. Mas, para tanto, é necessário organizar nossas lutas de outra forma, ampliando seu alcance.

O processo de aprofundamento da acumulação primitiva, da qual a acumulação capitalista sempre dependeu, tem produzido uma sequência global de insurreições, greves e movimentos. A concentração econômica cada vez maior, a brutalização das relações sociais e o nível inédito de militarização da sociedade conhecem no Brasil um de seus focos. Não há condição para que o ajuste neoliberal brutal que tentam nos impôr produza algo além de pobreza e insegurança material. A pobreza não mente. Não há nada que possa convencer pessoas empobrecidas de que elas estão caminhando para o paraíso. Este é um país de lutas e de revoltas. Esta história irá novamente mostrar seus corpos nas ruas. Uma insurreição virá no Brasil, a questão é saber se estaremos preparados ou não para ela.

Nenhuma energia deve ser utilizada em outra coisa que não seja aprofundar os vínculos necessários para a propagação da insurreição. Precisamos liberar a energia que dê aos sujeitos a coragem para deixar que a potência da revolução, disso que corre no subterrâneo e que agora mais do que nunca quer emergir, se manifeste através deles. Precisamos fazer circular a confiança de que a raiva contra o poder é capaz de produzir novas alianças e novas emergências.

No entanto, nos últimos tempos, vemos um estranho medo de setores progressistas com relação às populações nas ruas. De fato, alguns parecem acreditar que seria o caso de educar politicamente as massas antes de deixá-las tomar as ruas. Em outras palavras, seria preciso domá-las. Ora, os sujeitos que ocupam as ruas são produtos da sociedade falsa em que vivemos, e por isso sua ação coletiva será necessariamente contraditória. Afinal, não é possível a consciência emancipada em uma sociedade não emancipada. Mas a transformação na subjetividade, a educação, ocorre na própria rua. Não se muda e depois se age, pois as mudanças ocorrem através das ações, dentro dos contextos de lutas e mobilizações. Há algo de iluminismo tosco em acreditar que primeiro os sujeitos seriam formados para a autonomia para depois saírem às ruas para realizar na prática o que aprenderam na teoria. Nós não sairemos às ruas para concretizar um plano já estabelecido, mas para forçar o surgimento do que ainda não existe, para fazer aparecer o que ninguém poderia descrever.

Isso significa produzir contágios a partir de explosões. Desde a primavera árabe, o mundo vê uma forma de explosão popular constante e com as mesmas características. Elas estão presentes, também, no nosso junho de 2013: claro que não como cópia, pois os processos históricos, mesmo seguindo as mesmas linhas gerais, sempre trazem algo de particular, de novo, típico da realidade da qual emergem.

Trata-se de explosões de descontentamento econômico, social e político sem organização definida, que começam como uma centelha e rapidamente se propagam. Essas explosões são fruto de contágios a partir de um descontentamento local (reajuste de passagens de ônibus, aumento no imposto de combustível, aumento no preço da gasolina, cortes em educação etc.) que, mesmo parecendo uma questão pontual, coloca imediatamente à vista nossa posição de meros objetos do poder e, ao mesmo tempo, torna clara a potência da ação coletiva, unindo no combate aqueles que a ideologia dominante faz questão de dividir.

Até agora, perdemos todas as possibilidades de criar hegemonia em movimento, aproveitando essas explosões. Não houve um tipo de organização que soubesse fazer isso, promover contágios, agindo sem desqualificar aquilo que não foi previamente organizado. Não podemos perder as próximas oportunidades. Se uma greve de caminhoneiros ocorre, os estudantes também precisam ir para as ruas e parar, os bancários precisam parar, os professores idem, criando assim uma cadeia de contágio. Mas, para tanto, precisamos estar em todas as partes, dispostos a atuar em vários espaços. Não podemos deixar que se nuble a divisão nítida entre as classes. Usemos as nossas forças para alimentar o desejo de insurreição em todos os lugares; façamos os descontentes desejarem e confiarem em seu desejo de insurreição, confiarem em sua força. A nós não interessa gerenciar nada, nem temos uma proposta de reforma a apresentar. Colocar a luta política sob o signo das "reformas" já é perder toda força, já é comprar os limites que deveríamos explodir. Não há nada a ser reformado aqui. A verdadeira irresponsabilidade não está no gesto negativo da recusa. Está no compromisso com o que deveria ser recusado. Estamos com os que nada têm a perder, e que por isso mesmo só têm como opção criar novas formas de lutar e de viver.

O Brasil é assombrado pelos discursos do "déficit de institucionalidade", como se ainda fosse necessário um pouco mais de instituição, como se instituições pudessem realmente garantir algo. Na verdade, o Brasil tem um "excesso de institucionalidade". Nada existe fora de instituições estabelecidas: toda a política se organiza a partir de eleições, todos os movimentos se institucionalizam em lideranças estáticas e estruturas estáveis, toda violência passa pelas autoridades constituídas. É urgente parar de ter medo do que não se institucionaliza, do que destitui. A primeira condição, a mais fundamental, para criar dinâmicas revolucionárias é realmente querer, ou seja, é realmente estar disposto a não se contentar com mais uma volta no parafuso da integração, que durará apenas o tempo para desmobilizar as próximas revoltas, o tempo para mais uma vez retirar nossas forças. Em política, por mais que muitos procurem nos fazer acreditar no contrário, querer é fazer. Mas o quanto realmente se quer?

Quando o gelo derrete

O desejo popular de ruptura radical expressa-se de forma cada vez mais evidente em várias partes do mundo. No entanto, no Brasil, tal desejo tem apenas uma tradução. Os que apoiam o governo fascista pregam uma postura revolucionária, e esse é o verdadeiro problema. No Brasil, a revolução mudou de lado, assim como ela mudou de lado em vários países, como a Itália e a Índia. Os fascistas insistem em não negociar com instituições apodrecidas, com a "velha política", eles pedem uma comunicação direta que produza um curto-circuito em todas as mediações, eles afirmam que seu presidente é "um dos nossos", mostrando uma identificação horizontal, eles assumem que estão em guerra. Só há uma forma de parar isso: defendendo uma revolução mais forte. Ou seja, mostrando como o que a "revolução conservadora" oferece ainda é muito pouco.

As contrarrevoluções fascistas são feitas como resposta à possibilidade da transferência radical do poder à força popular. Elas se alimentam de um desejo efetivo de abandono do sistema de relações sociais vigentes e abolição das formas de vida atuais, elas têm a centelha da destruição. Ao mesmo tempo, porém, negam ao desejo sua dimensão promíscua, capaz de disparar uma dança descontrolada das formas. Na verdade, as contrarrevoluções fascistas perpetuam o modo transferencial de poder e liderança. O fascismo está muito longe de uma situação em que as pessoas assumem o poder e passam a exercê-lo diretamente. Não somos nós que tomamos o poder em nossas mãos, mas "alguém como nós" o faz em nosso nome. Se antes era um sistema representativo parlamentar profundamente corrupto e capturado pelo capital que bloqueava a soberania popular, agora esse bloqueio é feito de modo espetacular e personalista.

Em nenhum outro lugar do mundo é tão claro que a revolução popular verdadeira é feita através da destituição do poder. Ela ocorre quando populações passam a acreditar que devem assumir sua força ingovernável. Em vez de confiar em "alguém como nós", trata-se de exigir que os mecanismos de deliberação passem para as mãos do corpo popular.

Todo o poder nas mãos do povo, agora. Proliferar conselhos, assembleias com poder deliberativo, tirar do Estado seu poder e suas "políticas públicas". Ter sempre em mente o princípio fundamental de uma sociedade que determina a si mesma. Princípio que diz: a inteligência prática dos sujeitos é maior do que a inteligência gestionária das tecnocracias. Tampouco aceitamos que nosso suor e nosso sangue sejam amanhã usados por aqueles que veem na luta popular um mero trampolim para ascender dentro do velho regime. Que fique claro: a insurreição que vem não deve se propor a mudar somente o governante da vez; é preciso derrubar a própria ordem da qual eles são meros representantes.

São as massas de trabalhadores que tomam decisões a respeito das relações de produção e da distribuição do excedente. São os profissionais da educação e da saúde que, em conselhos, decidem as políticas educacionais e de saúde do país, não os burocratas dos ministérios, os magnatas sem rosto ou os filósofos do Facebook. São os trabalhadores rurais que decidem a política agrária. Não apenas o latifúndio improdutivo será ocupado pelos que não têm terra para trabalhar. Também os latifúndios produtivos serão transferidos diretamente para os trabalhadores, que tomarão para si a organização da economia nacional. Quem trabalha tem um peso decisivo nas decisões, pois tem a inteligência prática dos processos, a consciência das dificuldades reais, a sensibilidade atenta aos desejos dos que procuram hospitais, escolas, transporte. O autogoverno das massas por meio de uma força comum e coletiva baseada na inteligência prática da classe trabalhadora: essa é a força de nossa Revolução. Uma verdadeira Revolução sempre se fará a partir do chamado a todos para que tomem o poder de volta nas mãos, e destituam as instituições e as figuras que prometem decidir melhor por nós usando o poder que tomaram de nós mesmos. De fato, o problema não está em ter os olhos presos no governo, que é cada vez mais uma fantasmagoria, mas no poder. Esse é o problema central dos nossos dias.

A democracia que existiu até agora foi o governo de uma tecnocracia que governa completamente alheia aos interesses de quem está de fato envolvido nos processos práticos de produção da vida. Extinguir essa dissociação deve ser o alvo de todos os esforços. As instituições devem se submeter à força de decisão dos que nunca são ouvidos, pois estes são os únicos que realmente sabem como agir. Essa destituição de poder nunca será encampada pela contrarrevolução, ela não pode ser proposta "de cima para baixo". O horizonte do fascismo, muito pelo contrário, é o fortalecimento do Estado, é a crença em "alguém como nós" que toma de nós nosso poder de decisão. A afronta fascista às instituições republicanas nunca vai no sentido da destituição do Estado como aparelho decisório capturado pela burguesia. Romper essa forma fantasmagórica de poder é interromper a corrente militarista incorporada pelo Estado.

Por isso, o governo neoliberal tem que esconder seu caráter de fortalecimento das relações capitalistas através da destruição de todo desejo de solidariedade social. Ele precisa usar o tópico da corrupção do Estado não para nos levar à crítica da privatização do Estado e à defesa de uma nova forma de bem comum e de imunização do comum contra a lógica concentracionária da rentabilidade capitalista. A corrupção é a senha para a destruição de qualquer solidariedade. É a lógica do: sendo o Estado naturalmente corrupto, não haverá mais nenhuma contribuição, melhor que seja cada um por si, melhor que os agentes econômicos estejam "livres" para acumular, para espoliar, para impor o trabalho de mulheres grávidas em condições insalubres, escondendo sua dinâmica através do velho "seja o empreendedor de si mesmo". Mas nós podemos mais. Nada nos obriga a ver o matadouro como o destino.

Comunismo ou Todas as falas

Mas, para isso, é necessário dizer, de maneira clara, quem somos. Essa enunciação não é apenas uma operação de esclarecimento. Agora, mais do que nunca, ter coragem de dizer quem somos é decisivo para orientar as lutas políticas. E lembremos como tantas lutas foram feitas através da recuperação de nomes até então usados para desqualificar, para estigmatizar. Nós sabemos muito bem qual é o nome impronunciável agora, qual é aquele que nossos inimigos procuram mobilizar para nos fazer desaparecer.

Alguns acham estranho que a luta contra o "comunismo" volte em pleno 2019, não apenas no Brasil, mas na Hungria, na Itália, na Turquia. Trump alerta seu povo contra a ameaça socialista. Pode parecer que estamos diante de delirantes que veem comunistas onde não há mais comunista algum, que lutam uma batalha do passado. Mas há alguns que não conseguem perceber onde estão as verdadeiras batalhas. Neste exato momento, vemos uma batalha que se desenrola no futuro. A contrarrevolução pretende massacrar os verdadeiros comunistas antes mesmo que se descubram comunistas.

Num país que desmoronou, quem souber olhar verá uma verdadeira multidão de comunistas em potencial, que se produzirão ao longo da sequência de insurgências populares reinaugurada em junho de 2013. Parte da esquerda, que de modo geral ignora sua própria história, continua presa às ilusões da Nova República. Mas a burguesia, com seu pavor atávico diante da possibilidade da emergência do povo na história, já percebe hoje o mesmo ar que se respirou na luta revolucionária contra o regime militar, na resistência comunista à ditadura Vargas, em São Paulo da greve geral de 1917, na resistência armada de Canudos em 1896, em Salvador da Revolta dos Malês de 1851. Não será a historiografia oficial que se encarregará de quebrar o desconhecimento e o desprezo voltados ao nosso próprio povo por uma "elite" de intelectuais colonizados. À medida mesmo que esse povo se levante, os nossos mortos ressuscitarão, e combaterão redivivos ao nosso lado. A Revolução, e somente a Revolução, dará voz aos que pareciam eternamente silenciados. É precisamente esse acerto de contas inevitável que a contrarrevolução tenta adiar.

Hoje, o pânico está nos olhos de quem vê a revolta iminente da massa que se vira nas franjas da sociedade do trabalho, entrando e saindo da formalidade e mesmo da legalidade, intermitentemente empregada, mas sempre ocupada. Durante a Nova República, esse contingente populacional, que do ponto de vista da almejada sociedade do trabalho é mero excedente humano, foi administrado, sendo tomado como público-alvo tanto de políticas de inclusão como também, em nível crescente, de operações militares e de encarceramento em massa. Foi se tornando cada vez mais claro que a exclusão não seria revertida por um processo de integração ao mundo do trabalho, uma vez que este nem bem se esboçou e já começou a derreter, malgrado o transe eurocêntrico que capturou a imaginação política nacional, à esquerda e à direita. Ainda que muitos de seus gestores imaginassem sinceramente estar engajados na formação do mundo brasileiro do trabalho e dos direitos, ao longo da Nova República o Estado na realidade se limitou a administrar o fracasso dessa formação, garantindo o mínimo para a sobrevivência dos excluídos.

Nesse sentido, o fim da Nova República é acima de tudo o fim dessa ilusão. Nos novos tempos de terceirização irrestrita, tempos em que o contingente de trabalhadores ditos informais supera os formais, ninguém mais finge que a lida com os excluídos passa pela sua integração ao mercado de trabalho regulado. A própria burguesia iniciou, nos últimos anos, um desmonte das velhas estruturas sindicais de mediação social de conflitos de classe. Adentramos uma era de indeterminação. A burguesia, para se defender dos novos tipos de levantes populares que virão – mais radicais e menos afeitos à negociação –, pretende mudar os termos da administração da pobreza. Trata-se, sobretudo, de um rearranjo que responde a tendências já em curso: o aprofundamento da administração armada dos excluídos e o desmonte das políticas de compensação social. Afinal, é preciso fazer com que o regime político, a própria legalidade, corresponda fielmente à brutal superexploração do trabalho.

É por isso que o Partido Empresarial-Militar arreganha os dentes: a possibilidade do comunismo está no centro da conjuntura brasileira. Portanto, nossas organizações têm que ser permeáveis às explosões de insatisfação popular para criar ressonâncias entre as revoltas, mostrando que *comunismo* expressa o denominador comum às diferentes lutas: o impulso em direção à liberdade radical, que só pode existir socialmente em uma democracia verdadeiramente popular.

Comunismo hoje significa impor uma ordem econômica baseada na predominância do bem comum, na deposição da centralidade das relações de propriedade, na construção de uma sociedade na qual o que é impróprio e inapropriável circula. Uma sociedade que libera a atividade humana da sua degradação como trabalho produtor de valor. Uma sociedade que destitui a força deliberativa do Estado para permitir às classes despossuídas tomar para si o poder. Um corpo social que confia na força plástica de sua capacidade de criação. Uma sociedade na qual os sujeitos não temem em falar a fala do comum, ocupar o lugar do comum, em despersonalizar sua fala para que ela não seja, mais uma vez, a fala do que é "meu", do que me é "próprio", do lugar que eu entendo como "próprio" a mim. Pois se trata de quebrar o dispositivo da pessoa diante de um poder que procura tudo personalizar, dar a tudo a figura do que é de alguém ou do que é alguém. No fundo, esse "alguém" é sempre a repetição enfadonha de indivíduos proprietários ou indivíduos sonhando em, enfim, se tornarem proprietários. Uma sociedade que conhece um "protagonismo circulante" pois vem de baixo e de cima, do lado e do avesso, em um movimento de circulação contínua de protagonistas.

Contra isso, a estratégia política maior será assumir o anonimato, a opção por dissolver-se em uma fala de ninguém. Só assim podemos forçar a emergência de lugares que ainda não existem. Só se pode desejar um desejo que não é o "meu" desejo, mas um desejo comum, anônimo, que emerge na multiplicidade de vozes dissonantes. O poder precisa fichar, nomear, catalogar, reduzir as existências a formas administráveis. Nossa primeira revolta passa por queimar as fichas, apagar os nomes, confundir os catálogos, colocar a vida social diante do ingovernável. Fazer ouvir a fala ingovernável. Essa é a primeira figura do comunismo por vir. Ao contrário dos "progressistas", que se apresentam como "alternativa à crise", nós não temos medo de dizer: a desordem é o nosso ponto de partida. Nunca houve nem pode haver uma esquerda ordeira sob o capitalismo, a não ser como caricatura. Não queremos um novo pacto, dentro do qual seremos incorporados como cidadãos... oprimidos. A palavra pacto sequer deveria ser usada para descrever um arranjo em que um pequeno grupo faz girar a espiral do capital usando do poder que emana das massas que oprime.

Voltar a falar de comunismo no século XXI nunca será a mesma coisa que falar de comunismo no século XX. Alguns parecem não entender sequer a noção de processo, de movimento que abarca a história de seus próprios riscos e tensões. O comunismo do século XX foi o resultado do primeiro momento histórico no qual foi possível vencer e sustentar no tempo uma revolução. Essas experiências, todas elas profundamente contraditórias, apresentaram problemas novos, como não poderia deixar de ser. As intensas lutas internas que se verificam em qualquer processo revolucionário de longa duração exprimem a tensão entre aqueles que procuram fazer dessa duração a perpetuação de uma classe dirigente supostamente esclarecida no poder e, do outro lado, aqueles que apostam na transformação contínua em direção a uma sociedade livre da exploração. Suas catástrofes são conhecidas, mas elas apenas fortalecem o desejo implacável de não repetir o que não pode mais ser repetido. Aquela foi apenas a primeira tentativa de assaltar a fortaleza da burguesia. Virão outras e outras e outras. É esse novo processo histórico que é o verdadeiro fantasma a assombrar o fascismo digital e o capitalismo de espoliação brutalizada que nos prometem.

O sofrimento diz: pare. É ele que impulsiona a imaginação revolucionária. A revolução é simplesmente o fim de uma sociedade cuja reprodução deixa atrás de si um rastro de cansaço, apatia e cadáveres. O capital diz: mais. A nova fase da necropolítica espetacular apenas começou. A intervenção do Estado militarizado até a medula na vida de sua população será de um grau de violência inaudito. A marcha das mercadorias seguirá seu curso escoltada por milícias fascistas a perder de vista. Contra essa miséria, há a força do ingovernável, da imaginação utópica e da ação coletiva. Essas são nossas armas.

Dados Internacionais de Catalogação na Publicação (CIP)
de acordo com ISBD

C694r   Coletivo Centelha

Ruptura / Coletivo Centelha. - São Paulo : n-1 edições, 2019.
120 p. ; 12cm x 17cm.

Inclui índice.
ISBN: 978-85-66943-93-1

1. Ciências políticas. I. Título.

2019-1057

CDD 320
CDU 32

Elaborado por Vagner Rodolfo da Silva - CRB-8/9410

Índice para catálogo sistemático:
1. Ciências políticas 320
2. Ciências políticas 32

n-1

O livro como imagem do mundo é de toda maneira uma ideia insípida. Na verdade não basta dizer Viva o múltiplo, grito de resto difícil de emitir. Nenhuma habilidade tipográfica, lexical ou mesmo sintática será suficiente para fazê-lo ouvir. É preciso fazer o múltiplo, não acrescentando sempre uma dimensão superior, mas, ao contrário, da maneira mais simples, com força de sobriedade, no nível das dimensões de que se dispõe, sempre n-1 (é somente assim que o uno faz parte do múltiplo, estando sempre subtraído dele). Subtrair o único da multiplicidade a ser constituída; escrever a n-1.

Gilles Deleuze e Félix Guattari